LETRA DE MÚSICA: LITERATURA OU NÃO?

DOUGLAS FERREIRA AGUIAR (DOUGLAS FERREGUI)

RIO DE JANEIRO, 2020.

APRESENTAÇÃO

A presente pesquisa trata-se de um estudo sobre letra de música e literatura, comparando as suas características com o primeiro período literário da língua portuguesa. A pesquisa foi desenvolvida através de cantigas do trovadorismo, letras de canções contemporâneas, livros sobre o assunto e um formulário de pesquisa online desenvolvido pelo autor do artigo. O formulário possui dez perguntas, onde alunos e ex-alunos de língua portuguesa responderam de acordo com as suas vivências em sala de aula sobre literatura através de letras de músicas. Esse artigo tem como objetivo usar letras de músicas nas aulas de literatura, que apesar de serem estruturadas para um encaixe perfeito com a melodia, possuem valores poéticos.

Palavras-chave: Literatura. Letra de música. Língua portuguesa.

1 - INTRODUÇÃO

Na antiguidade, literatura e música já foram consideradas uma única arte, mas com o passar dos anos cada uma delas ganhou características próprias, formando distintas identidades. Apesar de separadas, a música ainda depende da literatura? Alguns letrólogos e compositores dizem que sim, e o tema vem sendo bastante discutido, após o cantor e compositor Bob Dylan ganhar o Prêmio Nobel de Literatura [1]. O jornalista e compositor Nelson Motta em entrevista ao programa "Trilha de Letras" da TV Brasil, afirma que "música é fundamental para alimentar a literatura" (Trilha de Letras, 2018).

Segundo dados da pesquisa desenvolvida, boa parte dos professores de língua portuguesa usam letras de músicas para exemplificar períodos literários, principalmente o Trovadorismo por apresentar uma linguagem mais moderna. A própria definição de literatura é a técnica de compor e expor textos escritos, seja em prosa ou verso. Mas até que ponto letra de música pode ser considerada literatura? Assim como a música, a literatura é uma arte, e como toda arte, se transforma. Então pode uma canção contemporânea ter a mesma estrutura de uma cantiga medieval?

---

[1] G1. Bob Dylan ganha o Prêmio Nobel de Literatura 2016, São Paulo: 2016. Disponível em: https://g1.globo.com Acesso em 22 de agosto de 2019.

Ambas podem abordar o mesmo tema e as mesmas características do eu lírico, mas dificilmente a mesma estrutura. Podemos analisar o mesmo processo com a própria língua portuguesa, onde a morfologia e a sintaxe estão sempre em constante mudança. Devemos lembrar, que música e letra são dois objetos distintos, portanto devemos estudá-los separadamente.

Diante dos desafios no ensino e da importância de trabalhar os diversos gêneros textuais, o presente artigo procura destacar o emprego das letras de músicas para os alunos do ensino fundamental e médio. Evidenciando a capacidade dinâmica de despertar a criatividade dos alunos, estimulando à construção do senso crítico, político e cultural. Portanto, letra de música motiva os alunos a conhecer nossa identidade cultural, pois, não narra apenas ficção, mas cenas que abordam a nossa realidade social.

2 – ANÁLISE DO TROVADORISMO COM MÚSICA CONTEMPORÂNEA

O Trovadorismo foi um movimento literário que surgiu no século XI, no mesmo período em que o Reino de Portugal começou a despontar como nação soberana. Sua origem é francesa, onde ganhou força e se espalhou por quase toda a Europa. O Trovadorismo é considerado como o primeiro movimento literário da língua portuguesa, a primeira obra que se tem registro foi a "Cantiga da Ribeirinha" que também é conhecida como "Cantiga da Garvaia", registrada entre 1189 e 1198, marcando o início das primeiras manifestações literárias na Península Ibérica. Seu auge teve cerca de 150 anos, que vai desde o final do século XII até meados do século XIV. O monarca português Dinis I (1261 - 1325) foi um dos maiores incentivadores da produção poética em sua corte, sendo um dos maiores trovadores com mais de 140 cantigas produzidas.

As poesias eram cantadas ao som de instrumentos musicais, tais como: alaúde, flauta, viola, harpa, originando o termo "cantigas". As obras são divididas em cantigas de amor, cantigas de amigo, cantigas de escárnio e cantigas de maldizer. O autor dessas composições era conhecido como "trovador", que deu origem ao nome do movimento literário, já o cantor era conhecido como "jogral". Os homens que sabiam tocar algum instrumento e cantar, eram conhecidos como "menestrel" e considerados superiores por terem mais instruções e habilidades artísticas.

Se analisarmos toda a produção de cantigas no Trovadorismo, perceberemos que é a mesma forma de produzir música contemporânea. Os compositores elaboram as letras, que são cantadas ao som de instrumentos musicais (música) por cantores, originando o termo "canção". As obras são divididas em canções românticas, canções religiosas, canções infantis, canções folclóricas etc.

Cantiga da Ribeirinha

No mundo non me sei parelha,
mentre me for como me vai,
ca já moiro por vós – e ai!
Mia senhor branca e vermelha,
queredes que vos retraia
quando vos eu vi em saia!
Mao dia me levantei,
que vos enton non vi fea!

(SOARES DE TAVEIRÓS, Paio. Portugal: 1189 – 1198.)

Nas cantigas de amor, o trovador na posição de fiel vassalo possui a imagem da mulher amada como uma figura distante, idealizada, colocando-se à disposição da dama da corte, tornando o sentimento amoroso um sonho distante, travesso e impossível por pertencerem a diferentes classes sociais. Segundo Moisés (2014, p. 20) "impedido pelo sentimento espiritualmente que o domina". Portanto o eu lírico é sempre masculino, colocando-se na posição de sofredor, usa-se o pronome de tratamento "senhor", para se dirigir à amada, afirmando sua condição hierárquica.

A mia senhor que eu por mal de mi

A mia senhor que eu por mal de mi

vi e por mal daquestes olhos meus
e por que muitas vezes maldezi
mi e o mund'e muitas vezes Deus,
des que a nom vi, nom er vi pesar
d'al, ca nunca me d'al pudi nembrar.

A que mi faz querer mal mi medês
e quantos amigos soía haver
e de[s]asperar de Deus, que mi pês,
pero mi tod'este mal faz sofrer,
des que a nom vi, nom ar vi pesar
 d'al, ca nunca me d'al pudi nembrar.

(DINIS I. Cancioneiro da Biblioteca Nacional 523,
Cancioneiro da Vaticana 106, Portugal.)

As características das cantigas de amor aparecem em diversas composições da música brasileira. Na música "Garota de Ipanema" de Antônio Carlos Jobim e Vinicius de Moraes, o eu lírico enaltece a mulher amada, que é totalmente inacessível, colocando-se na posição de sofredor. A ausência de sua amada deixa sua visão de mundo triste, fazendo que questione sua solidão, e somente melhora sua perspectiva quando a dama caminha pelo bairro de Ipanema.

Garota de Ipanema

Olha que coisa mais linda
Mais cheia de graça
É ela, menina
Que vem e que passa
Num doce balanço
A caminho do mar

Moça do corpo dourado
Do sol de Ipanema
O seu balançado é mais que um poema
É a coisa mais linda que eu já vi passar

Ah, por que estou tão sozinho?

Ah, por que tudo é tão triste?
Ah, a beleza que existe
A beleza que não é só minha
Que também passa sozinha

Ah, se ela soubesse
Que quando ela passa
O mundo inteirinho se enche de graça
E fica mais lindo
Por causa do amor

(JOBIM, Antônio Carlos. MORAES, Vinicius.
Getz/Gilberto faixa 1, Rio de Janeiro 1963.)

Nas cantigas de amigo, apesar de o autor ser masculino, o eu-lírico é uma mulher que canta seu amor pelo amigo (pretendente, namorado, amante, esposo) lamentando sua ausência e demonstrando sua alegria e expectativa pelo próximo encontro. Como aponta Moisés (2014, p. 26) "Ao invés do idealismo da cantiga de amor, a de amigo respira realismo em toda sua extensão". Logo ao contrário das cantigas de amor, o eu-lírico é uma mulher do povo, que na maioria das obras sofre pela ida de seu amado à guerra, lamentando para sua mãe, amiga, irmã etc.

Agora me foi mia madre melhor

Agora me foi mia madre melhor
ca me nunca foi des quando naci
(Nostro Senhor lho gradesca por mi)
e ora é mia madre e mia senhor,
ca me mandou que falasse migo
quant'el quisesse o meu amigo.

Sempre lh'eu madr'e senhor chamarei
e puinharei de lhe fazer prazer
por quanto me nom quis leixar morrer,
e morrera, mais já nom morrerei,
ca me mandou que falasse migo.

(COELHO, Johan Soarez. Lirica Medievale Romanza.
Disponível em: https://letteraturaeuropea.let.uniroma1.it
Acesso em 23 de agosto de 2019.)

Na música "Nunca me verá chorar" da cantora e compositora Ludmilla, o eu lírico sofre pela ausência de seu amado, afirmando que não sente nenhuma vontade de viver e realizar tarefas do cotidiano. Podemos observar que há um diálogo entre o eu lírico com uma terceira pessoa, que aparentemente é próxima ao casal. Ao contrário da maioria das cantigas de amigo, o amado não se afastou por conta de uma guerra.

Nunca me verá chorar

[...]
Se ele perguntar por mim
Diga que eu estou feliz
Que eu estou curtindo a vida,
Do jeito que eu sempre quis

Só não a diga a verdade pra ele
Que eu estou sem alegria
Que eu fiz do meu quarto
Da minha pequena ilha
Que estou com sobrancelhas
e cabelo por fazer
Que eu perdi a vontade de viver

Mas ele sabe que isso nem combina comigo
A garota que fica de coração partido

Por mais que seja difícil
Eu vou me acostumar
O tempo é o melhor remédio pra me ajudar
Mas você nunca me verá chorar
[...]

(LUDMILLA. A Danada Sou Eu, faixa 13, Rio de
Janeiro 2016.)

Na década de 60, com à ascensão mundial da música pop americana e do rock britânico, diversas composições com as mesmas características das cantigas de escárnio e maldizer surgiram. A música foi usada como uma arma em prol do movimento dos direitos civis. Já no Brasil, diversos artistas usaram a música como meio de criticar indiretamente o regime militar de 1964.

Nas cantigas de escárnio, o eu lírico realiza uma sátira indireta com duplos sentidos, por meio de trocadilhos e jogos semânticos, como aponta Moisés (2014, p.34) "realizada por intermédio do sarcasmo, da zombaria e de uma linguagem de sentido ambíguo", desempenho que ficou conhecido como "equívoco". A composição precisa fazer uma crítica negativa a alguma pessoa, desde que o destinatário não seja identificado.

Roi Queimado morreu con amor

Roi Queimado morreu con amor
en seus cantares, par Sancta Maria,
por ũa dona que gran ben queria,
e, por se meter por mais trobador,
porque lh'ela non quis [o] ben fazer,
fez-s'el en seus cantares morrer,
mas ressurgiu depois ao tercer dia!
Esto fez el por ũa sa senhor
que quer gran ben, e mais vos en diria:
porque cuida que faz i maestria,
e nos cantares que fez a sabor
de morrer i e desi d'ar viver;
esto faz el que x'o pode fazer,
mas outr'omen per ren non [n] o faria.

E non há já de as morte pavor,
senon sa morte mais la temeria,
mas sabe ben, per as sabedoria,
que viverá, dês quando morto for,

e faz-[s']en seu cantar morte prender,
desi ar viver: vede que poder
que lhi Deus deu, mais que non cuidaria.

E, se mi Deus a min desse poder,
qual oi' el há, pois morrer, de viver,
jamais morte nunca temeria.

(J. J., Nunes, Crestomatia Arcaica, 3ª ed., Lisboa:
Clássica, 1943.)

Na música "Beijinho no ombro" interpretada pela cantora Valesca Popozuda, o eu lírico faz uma crítica indireta para as pessoas consideradas invejosas, que não são identificadas em nenhum momento. Podemos observar que o atrito gerado envolve condições financeiras, pois, enquanto o eu lírico consegue aparentemente o que deseja, o grupo alvo da crítica assiste com desdenho.

Beijinho no Ombro

[...]
Desejo a todas inimigas vida longa
Pra que elas vejam a cada dia mais nossa vitória
Bateu de frente é só tiro, porrada e bomba
Aqui dois papos não se criam e nem faz história

Acredito em Deus e faço ele de escudo
Late mais alto que daqui eu não te escuto
Do camarote quase não dá pra te ver
Tá rachando a cara, tá querendo aparecer

Não sou covarde, já tô pronta pro combate
Keep calm e deixa de recalque
O meu sensor de periguete explodiu
Pega sua inveja e vai pra
Rala sua mandada

Beijinho no ombro pro recalque passar longe
Beijinho no ombro só pras invejosas de plantão
Beijinho no ombro só quem fecha com o bonde

Beijinho no ombro só quem tem disposição

(CASTRO, Leandro Gomes de. CRUZ, Wallace
Alexandre dos Santos. GOMES, Dennison de Lima.
VIEIRA, André Luiz de Souza. Valesca Popozuda,
faixa single, Rio de Janeiro 2014.)

Nas cantigas de maldizer é comum a agressão verbal à pessoa satirizada, e na maioria das vezes são utilizadas palavras de baixo calão. Segundo Moisés (2014, p.34) "a cantiga de maldizer encerraria sátira direta, agressiva, contundente, e lançaria mão duma linguagem objetiva e sem disfarce algum". Ou seja, cita na maioria das vezes o nome da pessoa criticada.

Ai, dona fea, foste-vos queixar

Ai dona fea! foste-vos queixar
porque vos nunca louv'en meu trobar
mais ora quero fazer un cantar
en que vos loarei toda via;
e vedes como vos quero loar:
dona fea, velha e sandia!

Ai dona fea! se Deus mi perdon!
e pois havedes tanto gran coraçon
que vos eu loe em esta razon,
vos quero já loar toda via;
e vedes qual será a loaçon:
dona fea, velha e sandia!

Dona fea, nunca vos eu loei
en meu trobar, pero muito trobei;
mais ora já un bon cantar farei
en que vos loarei toda via;
e direi-vos como vos lorei:
dona fea, velha e sandia!

(GARCIA DE ANDRADE, D. Joan. Oskar Nobiling, As
Cantigas de D. Joan
Garcia de Guilhade, Erlangen, 1907, p. 67.)

Na música "Renata" do cantor e compositor Latino, o eu lírico faz uma crítica direta para sua amada, que o enganou com um falso amor, despertando um sentimento de ira por parte dele. A letra tenta a todo tempo difamar o caráter de Renata, que é chamada de irracional, fingida, ingrata e insensata.

Renata

[...]
Num golpe de olhar
Ganhou meu coração
Mas eu não imaginava a decepção
Por ela fui fiel, tão cego eu fiquei
Ir no night-futebol, amigos eu deixei

Foi irracional o que ela fez
Mas vou deletar
ah, ah
Sua insensatez

Renata ingrata, trocou meu amor por uma ilusão
Renata ingrata, quem planta sacanagem, colhe solidão

Até pra namorar a bela foi atriz
Fingindo que eu era o que ela sempre quis
[...]

(LATINO. SOARES, Beloti Dalmo. As Aventuras do DJ L, faixa 5, Rio de Janeiro 2003.)

Portanto, letra de música trabalha a oralidade dos alunos que é aperfeiçoada em sala de aula, mesmo que os alunos saibam se comunicar, é necessário o desenvolvimento utilizando atividades que aumentem o interesse por textos em que se exercite a oralidade. A leitura oral no início pode apresentar dificuldades tanto para o professor quanto para os alunos. Entretanto, letra de música ajuda no aprendizado e na desenvoltura dessa modalidade por conta de seu ritmo, e por abordar acontecimentos do cotidiano e da poesia popular. Segundo Porto (2009)

> [...] No processo de ensino-aprendizagem da língua, o professor deve promover situações que incentivem os alunos a falar, a expor e debater suas ideias, percebendo, nos diferentes discursos, diferentes intenções. Deve promover ainda atividades que possibilitem ao aluno tornar-se um falante cada vez mais ativo e competente. [...] o professor deve planejar e desenvolver um trabalho com a oralidade[...] (p. 22).

3 – LETRA DE MÚSICA AUXILIANDO A LITERATURA

Os gêneros textuais são uma forma de mediar o ensino da linguagem em sala de aula. Cada gênero tem suas peculiaridades para atingir as suas funções comunicativas, orientando e direcionando o trabalho dos professores. Segundo Marcuschi (2008)

> Os gêneros textuais são textos que encontramos em nossa vida diária e que apresentam padrões sociocomunicativo característicos definidos por composições funcionais, objetivos enunciativos e estilos concretamente realizados na integração de forças históricas, sociais, institucionais e técnicas. (p. 155).

Os professores de língua portuguesa devem procurar trabalhar com diversos gêneros textuais de acordo com as condições socioeconômicas dos alunos. Os Parâmetros Curriculares Nacionais destacam a junção de vários recursos para a formação de leitores, e como pode ser conduzido os trabalhos com os gêneros textuais em estudo, pois, devemos lembrar, que apenas ler e interpretar não desperta a verdadeira importância e a função social da leitura. Segundo os Parâmetros Curriculares Nacionais (1998, p. 71), "Formar leitores é algo que requer condições favoráveis, não só em relação aos recursos materiais disponíveis, mas, principalmente, em relação ao uso que se faz deles nas práticas de leitura". Portanto, é necessário o domínio dos diferentes gêneros, permitindo prever comportamentos em diferentes situações de comunicação, possibilitando a escolha de vocabulários adequados em diversas ocasiões em prática social.

O trabalho com letras de músicas nas aulas de literatura se dar por conta da grande proporção que essa cultura popular possui na sociedade, sendo a arte mais acessível pelos alunos e professores facilitando o trabalho coletivo. A utilização da música no ambiente escolar deve explorar todas as possibilidades de sentidos oriundos do texto, como as vozes sociais que tratam de vários temas. Logo, a canção como gênero do discurso desperta na vida acadêmica dos alunos, o domínio de outros assuntos.

O professor pode explorar as variantes regionais, despertando em sua turma o interesse pela criação de poemas, no qual retrata a realidade em que está inserida. Podemos afirmar então, que o ensino e a aprendizagem por meio da oralidade ultrapassam os limites da sala de aula. A oralidade deve ser trabalhada e avaliada, considerando a participação individual dos alunos de acordo com suas contribuições. Segundo Porto (2009), "saber escutar com respeito os mais diferentes tipos de interlocutores é fundamental. Se não houver ouvinte, a interação não acontece". O professor precisa desenvolver nos alunos a competência de saber ouvir o próximo, favorecendo o convívio social.

De acordo com a pesquisa desenvolvida, 82,1% dos entrevistados afirmaram que seus professores de língua portuguesa, utilizaram letras de músicas como um meio de exemplificar algum período literário. 50% afirmaram que não leram nenhum livro nos últimos seis meses, e 85,9% aprenderam ao menos uma nova letra de música durante o mesmo período. Se analisarmos os dados, perceberemos que a produção e o consumo literário vêm caindo drasticamente, enquanto o consumo de músicas permanece em alta.

Livros possuem preços um pouco elevado, tornando quase inacessível o uso por parte dos alunos, principalmente os da rede pública de ensino, diferente da música que pode ser adquira gratuitamente através de sites de streaming como o YouTube, por exemplo. Outro fator que interfere na popularidade das canções, é o tempo de consumo dessa arte, que pode ser explorada em minutos. Logo, o interesse em trabalhar com letras de músicas em sala de aula, ajuda na participação da turma nas atividades propostas pelo professor, por se tratar de um produto consumido quase que diariamente pelos alunos.

Além de exemplificar períodos literários, como vimos no trovadorismo. Podemos realizar diversas outras atividades usando letras de músicas que ajudam na criatividade, construção de vocabulário e coordenação motora, tais como: elaboração de canções e poemas, proporcionando desafios de improvisação; palestras com compositores e músicos locais, abordando o processo de criação e suas referências poéticas; murais e exposições para a troca de trabalhos realizados com colegas de outras turmas, possibilitando a descoberta de outros pontos de vista sobre um determinado assunto.

Infelizmente há diversos preconceitos com determinadas obras, em 2014 um professor foi alvo de críticas por usar a letra da música "Beijinho no Ombro" em uma prova, na qual nomeia a intérprete Valesca Popozuda como uma grande pensadora contemporânea[2]. Como analisamos, a canção possui características das cantigas de escárnio do Trovadorismo. Logo, o preconceito se dá por conta do gênero musical explorado pela cantora. O Funk Carioca vem sofrendo bastante preconceito desde a sua criação, e geralmente é atribuído como sem valor poético, que apenas faz uso de palavras de baixo calão. Na pesquisa, 32,1% dos alunos não consideram a cantora Valesca uma pensadora, isso ocorre pela falta de análise dessas canções como objeto de estudo em sala de aula.

O professor precisa quebrar o paradigma e trabalhar com todos os tipos de gêneros musicais, sem excluir os urbanos periféricos, dos quais fazem parte do cotidiano de boa parte dos alunos. Assim o professor pode entender e realizar suas atividades de acordo com o meio em que o aluno está inserido, compreendendo o que leva a falta de interesse aos estudos, trabalhando na resolução do problema e contribuindo para um melhor rendimento.

---

[2] ALVARENGA, Flávia. Prova gera polêmica ao chamar funkeira de pensadora contemporânea, Brasília: Jornal Hoje, 2014. Disponível em: g1.globo.com/jornal-hoje/ Acesso em 03 de setembro de 2019.

O intelectual de hoje não é o aluno que domina todo o conteúdo proposto em sala de aula, e sim o aluno que conhece suas limitações, procurando melhorar, entender e respeitar diversas culturas e formas de pensar. O aluno precisa estar ciente que o estudo é constante e está sempre em movimento. Logo, a interatividade em sala de aula é importante para a construção do caráter e senso crítico tanto individual como coletivo.

4 – CONSIDERAÇÕES FINAIS

Letras de músicas é um meio de contar histórias, que teve origem no Trovadorismo durante a idade média, e são consideradas uma linguagem universal por ultrapassar as fronteiras da geopolítica e diversos idiomas.

O eu lírico narra suas vivências e as características da sociedade na qual se encontra, fazendo com que o receptor se identifique com a mensagem. O conservadorismo, que é ligado na maioria das vezes às tradições burguesas, no entanto, foi uma característica que ao longo do tempo foi deixada cada vez mais de lado, dando voz aos moradores da periferia, e aos verdadeiros conflitos sociais que o povo enfrenta. É responsabilidade da escola levar essas canções para a sala de aula, para que os alunos construam suas visões críticas, conhecendo e compreendendo seus valores culturais e sociais.

No Brasil, o Samba é um grande precursor social, considerado o gênero musical mais brasileiro, foi usado como voz da identidade negra, que até 13 de maio de 1888 era escravizada. A elite na época dominava todo o acesso à arte, e foi papel principal do Samba levar música e literatura para a periferia que se expandia pelos morros da cidade do Rio de Janeiro, dando voz ao povo. Logo, precisamos fazer com que os alunos olhem para a literatura com outros olhos, mesmo que não seja o de apaixonado, mas percebendo que a Literatura vai muito além do que se é dado em sala de aula, e que está presente todos os dias em seu dia a dia, podendo ser a voz de sua comunidade representando a nossa realidade e não somente uma disciplina escolar obrigatória.

É de suma importância trabalhar a literatura através de diferentes gêneros textuais, como a música, por exemplo, proporcionando aos alunos o contato com a leitura através de textos, que estão disponíveis ao seu alcance. Despertando o interesse por diversas culturas, para não ficarem presos apenas as formas literárias, conhecendo a cultura de seu próprio país e respeitando as diferenças entre distintos povos. Além dos conflitos e questões filosóficas apresentadas nas canções, o uso da tecnologia em sala de aula torna o conteúdo mais agradável e prazeroso, agindo de forma positiva no ensino e na aprendizagem.

Um dos maiores desafios que os professores de língua portuguesa enfrentam no dia a dia, é resgatar o interesse dos alunos pela literatura, que a cada dia diminui o número de textos produzidos. Diversas livrarias e bibliotecas estão fechando às portas, por falta de interesse da população. Logo, usar letras de músicas em sala de aula é uma forma de introduzir o aluno na sociedade, despertando o interesse na produção de textos e na descoberta de outros autores, alimentando a valorização de nossa cultura popular, não permitindo que fique perdida ou esquecida.

As letras de músicas são um importante mecanismo para o aprendizado, devido a sua linguagem contemporânea, possibilitando a melhor compreensão dos períodos literários. Como analisamos no Trovadorismo, as características das cantigas estão presentes nas canções produzidas hoje, podendo ser comparadas com a literatura clássica. As canções possuem compositores consagrados, que em algumas obras fazem referência e citações de poesias, ocorrendo a intertextualidade.

Partindo do princípio de que leitores e escritores se formam através da experiência com o ato da leitura, a escola precisa cumprir o seu papel, contribuindo com a formação cultural dos alunos, e oferecendo alternativas das quais os alunos se identifiquem e tomem gosto pela literatura. Devemos lembrar que as canções não são uma substituição dos textos literários, e sim uma ferramenta para levar o aluno ao ato da leitura.

Os professores devem trabalhar com os alunos a interpretação do texto, partindo do contexto em que foi escrito e qual sua finalidade, procurando atribuir melhor significado. A música desempenha um papel significativo no desenvolvimento da turma, acalmando e estimulando de forma positiva o processo de desenvolvimento do pensamento, da percepção de mundo e da criatividade. Música favorece a aprendizagem da leitura e melhora do discurso, proporcionando o contato com as obras brasileiras, cujo tamanho e diversidade precisa ser preservada e valorizada por nossa sociedade, oferecendo diversas possibilidades de interpretação, auxiliando os professores na exploração de novos conceitos, vocabulários, figuras de linguagem etc.

Trabalhar com esse gênero textual é confirmar a sua importância perante a nossa identidade cultural, reconhecer nossa sociedade como nação e preservar a nossa cultura como patrimônio nacional.

Devemos lembrar que toda arte é mutável, por isso não devemos nos prender às tradições da literatura, e sim acompanhar todas as mudanças que o período contemporâneo oferece, contribuindo para uma aula mais dinâmica e atualizada. O surgimento do Modernismo foi visto com maus olhos, fazendo com que grandes nomes de nossa literatura como Monteiro Lobato, por exemplo, fossem contrários ao movimento. Tal atitude gerou a Semana de Arte Moderna, que levou os seus conceitos para a população, possibilitando melhor compreensão dessa nova escola literária. Então pode a falta de interesse dos alunos pela literatura, ser reflexo do preconceito docente perante a inovação?

5 – REFERÊNCIAS

TV Brasil. **Trilha de Letras**, Rio de Janeiro, 2018.

G1. **Bob Dylan ganha o Prêmio Nobel de Literatura 2016**, São Paulo: 2016. Disponível em: https://g1.globo.com Acesso em 22 de agosto de 2019.

SOARES DE TAVEIRÓS, Paio. **Cantiga da Ribeirinha**, Portugal: 1189 – 1198.

DINIS I. **A mia senhor que eu por mal de mi**, Cancioneiro da Biblioteca Nacional 523, Cancioneiro da Vaticana 106, Portugal.

JOBIM, Antônio Carlos. MORAES, Vinicius. **Garota de Ipanema/The Girl from Ipanema**, Getz/Gilberto faixa 1, Rio de Janeiro 1963.

COELHO, Johan Soarez. **Agora me foi mia madre melhor**, Lirica Medievale Romanza. Disponível em: https://letteraturaeuropea.let.uniroma1.it Acesso em 23 de agosto de 2019.

LUDMILLA. **Nunca me verá chorar**, A Danada Sou Eu, faixa 13, Rio de Janeiro 2016.

J. J., Nunes, **Crestomatia Arcaica**, 3ª ed., Lisboa: Clássica, 1943.

CASTRO, Leandro Gomes de. CRUZ, Wallace Alexandre dos Santos. GOMES, Dennison de Lima. VIEIRA, André Luiz de Souza.

Beijinho no Ombro, Valesca Popozuda, faixa single, Rio de Janeiro 2014.

GARCIA DE ANDRADE, D. Joan. Oskar Nobiling, **As Cantigas de D. Joan Garcia de Guilhade**, Erlangen, 1907, p. 67.

LATINO. SOARES, Beloti Dalmo. **Renata**, As Aventuras do DJ L, faixa 5, Rio de Janeiro 2003.

MOISÉS, Massavo. **A Literatura Portuguesa Através dos Textos**. São Paulo: Cultrix, 2014.

PORTO, Márcia. **Um Diálogo Entre os Gêneros Textuais**. Curitiba: Aymará, 2009.

MARCUSCHI, Luiz Antônio. **Produção Textual, Análise de Gêneros e Compreensão**. São Paulo: Parábola Editorial, 2008.

F. AGUIAR, Douglas. **Pesquisa desenvolvida pelo aluno concluinte do curso de Letras da Universidade Estácio de Sá**. Rio de Janeiro, 2019. Disponível em: https://docs.google.com/forms/d/e/1FAIpQLSc1cbnBtH7Vnzg-74s5_LAJrdIp00eIXNCuVagOPFUiuac8DA/closedform Acesso em 23 de agosto de 2019.

Ministério da Educação. **Parâmetros Curriculares Nacionais da Educação**. Brasília, 1998. Disponível em: http://portal.mec.gov.br Acesso em 23 de agosto de 2019.

ALVARENGA, Flávia. **Prova gera polêmica ao chamar funkeira de pensadora contemporânea**, Brasília: Jornal Hoje, 2014.

Disponível em: g1.globo.com/jornal-hoje/ Acesso em 03 de setembro de 2019.

SIGA O AUTOR :)

Twitter: @douglasferregui

Instagram: @douglasferregui

Facebook: @douglasferregui

Youtube.com/douglasferregui